Tirso de Molina

El colmenero divino

Barcelona **2024**
Linkgua-ediciones.com

Créditos

Título original: El colmenero divino.

© 2024, Red ediciones S.L.

e-mail: info@linkgua.com

Diseño de cubierta: Michel Mallard.

ISBN rústica: 978-84-9816-497-8.
ISBN ebook: 978-84-9897-203-0.

Cualquier forma de reproducción, distribución, comunicación pública o transformación de esta obra solo puede ser realizada con la autorización de sus titulares, salvo excepción prevista por la ley. Diríjase a CEDRO (Centro Español de Derechos Reprográficos, www.cedro.org) si necesita fotocopiar, escanear o hacer copias digitales de algún fragmento de esta obra.

Sumario

Créditos _____ 4

Brevísima presentación _____ 7
   La vida _____ 7
   La tentación _____ 7

Personajes _____ 8

Prólogo _____ 9

El colmenero divino _____ 25

Libros a la carta _____ 69

Brevísima presentación

La vida
Tirso de Molina (Madrid, 1583-Almazán, Soria, 1648). España. Se dice que era hijo bastardo del duque de Osuna, pero otros lo niegan. Se sabe poco de su vida hasta su ingreso como novicio en la Orden mercedaria, en 1600, y su profesión al año siguiente en Guadalajara. Parece que había escrito comedias, al tiempo que viajaba por Galicia y Portugal. En 1614 sufrió su primer destierro de la corte por sus sátiras contra la nobleza. Dos años más tarde fue enviado a la Española (actual República Dominicana), regresó en 1618. Su vocación artística y su actitud contraria a los cenáculos culteranos no facilitó sus relaciones con las autoridades. En 1625, el Concejo de Castilla lo amonestó por escribir comedias y le prohibió volver a hacerlo bajo amenaza de excomunión. Desde entonces solo escribió tres nuevas piezas y consagró el resto de su vida a las tareas de la orden.

La tentación
Escrita en 1607 y modificada en 1609 y 1613. Utiliza un argumento de Lope de Vega en El pastor lobo, y una canción: Pastorcillo nuevo. El colmenero divino es una alegoría del Buen Pastor, de los evangelios: El Buen Pastor (Jesucristo) que apacienta el rebaño (Pueblo de Dios) y que busca a la oveja descarriada (pecador), y celebra su vuelta al redil (Celebración de la Eucaristía).
En la obra el Buen Pastor es representado por el Buen Colmenero, la oveja por la abeja y el lobo, la tentación del mundo, por el Oso. La abeja es tentada por el mal colmenero y por el oso, y al final vence las tentaciones, vuelve a la colmena, y obtiene el perdón.

Personajes

El Colmenero
El Cuerpo
El Mundo
El Oso
El Placer
La Abeja
Música
Pastores
Un Mancebo

Prólogo

(Salen tres serranas y cinco pastores y cantan lo siguiente.)

    Contaros quiero las bodas
de Cristóbal Salvador
con Olalla de la Igreja,
hija de Pedro, pastor.
Lleva el novio en casamiento
sus naturalezas dos,
y en un paramento branco
una cruz con la pasión.
Lleva en pratos de accidente,
un cordero, que asó amor,
y sobre él, para cobrille,
un frutero de primor;
un majuelo, en que la dota
la tierra de promisión,
vino de treinta y tres años,
y una eterna y fértil troj.
La novia también le lleva
un humilde corazón,
y en las niñas de sus ojos
dos huentes de colación;
lleva pensamientos castos,
y en moneda de dolor
mil escudos de firmeza,
de oro sí, que cobre no.
Polidos van novia y novia
a las puertas del perdón,
do la rosca los espera,
cuando el sacristán canto:

    «Come la rosca, novia bella,

come la rosca y danos de ella;
come la rosca, novia hermosa,
porque te dure el pan de la boda;
que aunque te la comas toda,
toda se te queda entera.
Como la rosca novia bella,
come la rosca y danos de ella.»

   Aunque le repartió el cura,
como de antes se quedó,
y en comiéndola la gente,
bailaron esta canción:

   «Coman y gusten y estimen las almas
este pan, mazapán de amor,
que pues salva, es de Salvador
con ser todo pan de fror.»

   Holgáronse los serranos,
y echólos la bendición,
desde las gradas, el cura,
contando de dos en dos:

   «Pues a Olalla vella
a Cristóbal dan,
coman y gocen del pan de la boda
cuanto en la villa están,
pues en un bocado
para todos hay,
y comido en gracia,
vida eterna da.
Al convite inmenso
de Asuero real,
Mardoqueo se siente,

mas no llegue Amán.
Para todos es,
pus la puerta está
convidando a todos
a la caridad.
Pues a Olalla bella
a Cristóbal dan,
coman y gocen el pan de la boda
cuantos en la villa están.»

(Loa.)

Mancebo   Estábase recreando,
antes del tiempo y los siglos,
incomunicable Dios,
sin lugar, solo en sí mismo.
Contemplábase ab eterno,
cuyo pensamiento vivo,
substancia en él, si accidente
en lo humano intelectivo,
fecundo siempre engendraba,
siendo origen y principio
de aquella especia, que expresa
es su imagen, por ser su hijo.
Enamorado de verse
en su retrato Narciso,
y al concipiente el concepto
correspondiendo recíproco,
producían un amor,
como los dos, infinito,
inagotable, perenne,
que saliendo del abismo
de la eterna voluntad,
fuente siempre, siempre río,

siempre se está produciendo,
y siempre se queda el mismo.
Así aquel acto absoluto,
puro, esencial, indiviso,
solo se comunicaba
al trisagio relativo
de sí mismo comprehensión,
deleitándose consigo,
todo amor, deleite todo,
todo gloria, todo alivio,
hasta que llegó el decreto,
que determinó ab inicio
la voluntaria creación
de este admirable prodigio.
Entonces con un fiat solo
produciendo lo finito,
cielos, elementos, plantas,
aves, brutos, mares, ríos,
ángeles y hombres, cesó
el sábado, que bendijo
por día de su descanso,
de su amoroso ejercicio.
Vio las obras de sus dedos,
comenzadas en domingo,
y en el viernes consumadas;
y en fe que se satisfizo
de su fábrica curiosa,
firmar de su mano quiso
el Deus me fecit, en muestra
de que era Dios quien las hizo.
Viendo su sabiduría
el ingenioso artificio
de esta máquina universa,
tanto a deleitarse vino

con ella, que en fe de ser
baraja, cuyos destinos
manjares forman sus cartas,
según el Rey Sabio, dijo,
juega delante de Dios
todo el tiempo sucesivo
de su duración mudable,
porque el estar con los hijos
de los hombres le entretiene.
¡Oh, amor de Dios excesivo,
cómo sabéis obligarnos
a seros agradecidos!
Comenzó el fuego aquel ángel,
que en su primero principio
fue viador, y en otro instante
ocasionó su castigo.
La carta de más valor,
sin dar naipes, robar quiso,
y mejorando de asiento,
quitar de él a quien le hizo.
Entráronle puntos tales,
que soberbio y presumido
imaginó dar un todo.
¡Qué bárbaro desatino!
Entrar pretendió por rey
triunfando; pero entendido
que jugaba tretas falsas,
Miguel, del cielo caudillo,
la espada le atravesó,
ganóle la baza y dijo:
«¿Quién como Dios, rey de reyes?
¿Y tú, traidor, su ministro?»
Dióle un todo la humildad
y al primer lance perdido,

con cuantos a él se atuvieron
bajó eterno a los abismos.
Bien quisieran desquitarse,
mas su natural maligno
es incapaz de ganancia;
y así intentan atrevidos,
que el hombre pierda también,
porque en el asiento rico,
que su soberbia perdió,
no suceda engrandecido.
Para esto con tretas falsas,
tahúr aleve y fingido,
a todos convida al juego,
y envida restos de vicios.
Hizo Dios que Adán fuese hombre,
y viole tan prevenido
el tahúr de buenas cartas
que no quedó en el circuito
de la baraja, figura
que debajo su dominio
no le ofreciese la polla,
la original gracia digo.
Solo un manjar le faltaba
que por decreto y edicto
de Dios, dueño del tablero,
quedó Dios exento en el paraíso.
«Por ése he de derribarle,
-el tahúr rebelde dijo-,
ganaréle si acometo
por el más flaco portillo.»
Vio a la mujer, convidóla
a jugar, cuando el marido
estaba ausente, y perdió;
pero no me maravillo,

que mujeres que se emplean
en juegos siempre nocivos
a su sexo, de ordinario
pierden gracia y ganan vicios.
Prometiéronse ayudar
uno a otro; y cuando vino
Adán, a su persuasión
jugó del palo prohibido.
Perdióse la polla; y él
de suerte quedó fallido,
que no paró el desgraciado
hasta perder los vestidos.
Picado y desnudo Adán,
los ojos abrió al sentido,
el bien y el mal conociendo;
éste presente, aquél ido.
Sintió a la justicia en casa,
y, acusándole el delito,
buscó en la culpa sagrado
y escondióle el árbol mismo
en que pecó. En la opinión
que afirman fueron los higos
el manjar que le vedaron,
causa de tanto castigo.
Averiguó el juez la causa,
y, verificando indicios,
con la baraja en las manos
le cogió. ¿Qué más testigos?
Respondieron a los cargos
uno y otro, mas tan tibios
que cuando el juez no los viera,
bastara solo el oírlos.
Sentenciólos a destierro
perpetuo del paraíso,

pena común en la corte
contra los juegos prohibidos.
Y no contento con esto,
ropas de pieles les dio,
con que cubiertos sacaron
los primeros sambenitos.
¡Qué de daños causa el juego!
Primero el hombre servido,
reverenciado de todos,
general su señorío,
ya rústico, ya pechero,
al tosco azadón asido,
comiendo pan de sudor,
bebiendo llanto en suspiros.
Ninguno desde aquel tiempo,
osó ser hombre atrevido,
que la gracia no perdiese,
cuando menos, al principio.
Verdad es que restauraban
su pérdida los antiguos,
cuando la circuncisión
atravesaba el cuchillo;
pero costábales sangre,
penitencias, sacrificios,
y, cuando mucho, ganaban
la seguridad del limbo.
Perdió Caín envidioso
el alma, con el martirio
del santo proto-inocente,
perdióse el mundo en abismos
de inundaciones mortales,
reservando en el asilo
del arca, nave primera,
limitados individuos.

Perdió Esaú el mayorazgo,
perdióse en el mar Egipto,
perdió, idólatra Israel
el reino en sus doce tribus.
Con tanta pérdida estaba
triste el mundo y oprimido,
ufano el tahúr blasfemo,
lejos el bien, no el peligro.
Tuvo lástima el Amor
de que a su hermano adoptivo
tan mal el fuego tratase;
volver por entrambos quiso;
salió del padre, quedando
en él, y quien in principio
erat verbum, ya siendo hombre,
a ser Verbum caro vino.
Hecho hombre, Dios en efecto,
creyó el común enemigo,
como a los demás ganarle;
tretas y engaños previno.
Pero no salió con ellas,
pues casi recién nacido,
tres reyes juntos le entraron,
a pesar del cuarto impío.
Tantos hace para el juego
Herodes vil, y deshizo
tantos tantos en pedazos,
que es su número infinito;
mas no salió con ganancia,
porque huyendo Dios a Egipto,
él por grande se perdió
y ellos ganaron por chicos.
Ganó Simeón dichoso
tanto, aunque en años prolijos,

que dio a la iglesia en barato
el nunc dimitis, que dijo.
De pérdida vi que andaban
María y José benditos,
si puede perder a Dios
quien siempre le trae consigo,
mas desquitáronse presto,
restaurando regocijos,
cuando maestro le hallaron
de viejos, puesto que niño.
Desafióle a jugar
al desierto el fementido
tahúr, tanteando piedras,
y, aceptando el desafío,
en tres envites de falso,
que se atrevió a hacer, vencido
y rematado se fue
a su oscuro domicilio.
Vendió un jugador tramposo,
que se atrevió como amigo
a entrar también en docena
un agnus dei de oro fino
todo esmaltado de blanco
y encarnado, de artificio
tan excelente, que en él
puso el aurífice primo
divina iluminación
entre viriles de vidrio
humanos, que transparentes,
mostraban que era divino.
Vendióle por treinta reales
al usurero judío,
-que fue cargo de conciencia-
y después, de arrepentido

aunque mal, perdió de modo
que a despedazarse vino
para daño suyo eterno
y bien de los peregrinos.
Mateo, que tablajero
barajaba humanos libros
y, jugando siempre mal,
de asiento estaba en el vicio
a una voz de la justicia
el juego puso en olvido,
llegando a ser secretario
de quien antes fue enemigo.
Rematada Magdalena,
vino a ganar apellido
de pública pecadora;
mas volviendo en su juicio,
supo que estaba en la mesa
del leproso Simón, Cristo,
donde alcanzó de barato
perdón y amor excesivo;
lo que perdió por los oros,
que en él se pierden los ricos,
supo ganar por la copa
del ungüento, que a Dios vivo
pronosticó injusta muerte,
y en fe de tanto prodigio
con la copa, fino bote,
quedar retratada quiso.
Pedro de puro confiado,
entre bárbaros ministros,
jugando se perjuró,
que el jurar siempre fue amigo
del juego, y perdió la polla,
por otra polla, que vino

a tentarle la paciencia;
pero cantóle al oído
el gallo y enmendó el juego
a puro llanto y suspiro,
ganando hasta la tiara
del imperio pontificio.
Así andaba el juego entonces,
cuando el humano divino
reponiendo por el hombre
cuanto perdió su delito,
en la mesa de la cruz
compró con precio infinito
las cartas de su ganancia;
tripuló al pueblo rabino,
y al gentílico, admitiendo
con la copa del bautismo,
y el basto bastó a ganar
cuanto el hombre había perdido.
Triunfó entonces de la muerte
y el demonio, y luego dijo:
«Yo me gano. Sirvan todos,
que puesto que yo redimo
sin otra ayuda, decreto
que ayudándose a sí mismo
el hombre, con buenas cartas
coopere también conmigo.
Vale infinito mi sangre;
pero aunque no necesito
de compañeros, intento
que se ayuden mis amigos.»
En prueba de esta verdad
dijo el célebre Agustino:
«Quien sin ti te redimió
omnipotente y benigno,

no te salvará sin ti.»
Cirineo sea testigo
que ayudándolo a la cruz
fue de este misterio tipo.
Perdido Dimas estaba,
pero en un momento vino,
conociendo a Dios el juego,
a ganarle el paraíso.
Jugaba a su diestro lado,
vio en las cartas que era Cristo
su gracia, el envite o polla,
llevósela de codillo.
Tras el consumatum est
quedó el juego concluido,
porque anocheciendo el Sol
de día asombró a Dionisio.
Barato dio su ganancia,
a su Padre dio su espíritu
por madre a Juan a su Madre,
perdón a sus enemigos,
sacramentos a su iglesia,
libertad a los del limbo,
su cuerpo al sepulcro santo,
tesoro a muertos y vivos.
Y para que si viere
el hombre otra vez perdido,
tenga resto con que torne
sobre sí, quedarse quiso
sobre la tabla del juego
sacrosanto e infinito
de aquel incruento altar,
donde oculto y escondido
nuestras pérdidas restaure.
Allí es hombre aunque es divino,

carta blanca en accidentes.
Si fue figura lo antiguo,
allí está lo figurado.
Llega, hombre, al resto excesivo,
triunfen virtudes y amor,
descarta cartas de vicios.
Aquí el bueno ganará,
quedando el malo perdido,
que aquí malillas no valen,
antes aumentan peligros.
Pues Dios por ti se hizo hombre,
procura reconocido
ganar con su sangre el juego.
Quedarás dichoso y rico.

(Canta la Música.) «Que llamaba la tórtola madre
al esposo dulcísimo suyo
con el pico, las alas, las plumas
y con arrullos, y con arrullos.»

 Dulce esposo mío,
que entre copos puros
de nieve y de plata,
con la fe te escucho;
tu tórtola ausente,
sin deleites tuyos,
ni estima contentos,
ni alivia disgustos.
Ven, esposo caro,
do de rayos puros,
regalo del cielo
remedio del mundo.

 Que llamaba la tórtola madre

al esposo dulcísimo suyo
con el pico, las alas, las plumas
y con arrullos, y con arrullos.

En los accidentes
de es pan oscuro,
que está sin sustancia
gozarte procuro.
No me desampares
que, si amor es yugo,
quiero, amado dueño,
que nos ate un nudo.
Muérome sin verte,
vivo si te gusto,
lloro si te pierdo,
canto si te escucho.

Que llamaba la tórtola madre
al esposo dulcísimo suyo
con el pico, las alas, las plumas
y con arrullos, y con arrullos.

El colmenero divino

(Salen el Placer, de villano, y el Verbo Eterno, de labrador Colmenero.)

Placer   Mil veces en hora buena
a nueso valle bajéis,
donde sois tan deseado,
el polido montañés.
Pardiobre, que me regüila,
desque mis ojos vos ven,
de pracer el corazón,
por eso soy el Pracer.
Más ha de cinco mil años,
que no permite que esté
el primer hombre en el mundo,
Dios se lo perdone, amén.
Otros tantos ha que os llaman
para que los rescatéis,
los hidalgos de la cárcel
que tien cautivos Argel.
El garrido labrador,
mancilla os dará de ver
que están hechas vuestras hazas
salitre por no llover.
Procesión hacen por agua
hasta Joaquín desde Abel
los de vuesa parentela
mas ya regáis a Israel.
Huentes tienen nuesos ojos
que no dejan de correr
pero son de agua salada
y así no apagan la sed.
El valle donde vivimos
valle de lágrimas hué,

pero con vuesa venida
valle de contentos es.
No quepo de regocijo;
galán venís, a la hé,
¡qué justo que lo vestís
de la cabeza a los pies!
Tanto os metéis en pretina,
que en el saco no cabéis,
y se os rompe por el lado
el vestido sayagués.
Aunque es grosera la lana,
de una oveja virgen fue,
que Dios y ella la tejieron
soldamente en Nazaret.
El vestido de las fiestas
bajo de esotro os ponéis,
que diz que éste es de trabajo;
sois labrador, hacéis bien.
Mas pues traéis dos vestidos,
yo, zagal, apostaré
que os venís de vueso padre,
quedándoos allá con él.
Quillotrado estáis de amores.
En el pergeños se os ve;
que el fuego, amor y dinero,
mal se pueden esconder.
El amor comunicado
suele ser menos crüel;
decidme a mí a quién amáis,
que el tercero quiero ser.
Con ella me iré a vivir,
que amándola vos, pardiez,
que es fuerza si el Pracer soy,
que no quepa de pracer.

Colmenero	¡Ay, Contento! Como sabes el que traigo en padecer por la ausente ingrata mía, leal me sales a ver. De las sierras de mi padre me vengo al mundo a romper; pues no ha de haber parte en mí que no se rompa después. Al valle me traen amores de la manera que ves; y por gozarme con Lía, traigo oculta a mi Raquel. Sus colores me he vestido, aunque en ella sea buriel lo que en mí blanco sayal, que no hay mancha o mota en él. La villa de Montealegre, donde alcalde mi padre es, dejo, por bajar al valle para darla de comer.
Placer	Decidme, pues, ¿cómo quedan los de allá, Pascual, Manuel? ¿Hay salud? ¿Viven en paz?
Colmenero	¡Oh, es otra Jerusalén! Visión de paz es mi patria que aunque hubo guerra una vez, sosegóse, echando al remo los revoltosos Miguel. Unos ángeles de Dios son todos; y en parecer, unos serafines de oro.

	Ni hay más que pedir, ni ver.
Placer	¿Cómo queda vueso padre?
Colmenero	Triunfa, y vive como un rey. Tan entero, fuerte y sano que no pasa día por él. Tan mozo está como yo.
Placer	Tal es la vida que tién no ha menester a nenguno que enfraquece el menester. ¿Y el que tercia en vueso amor?
Colmenero	Ésa es persona de bien. Una cosa somos todos, que es mucho para ser tres. Cuantos le han visto le llaman una paloma sin hiel. Quiere mucho a los del valle.
Placer	¿A fe que mos quiere bien?
Colmenero	Hácese lenguas de todos; díceme que os vendrá a ver para pascua.
Placer	¿La de Flores?
Colmenero	No, la de Pentecostés.
Placer	¿Y a qué os venís vos al valle?
Colmenero	Vengo acá a buscar qué hacer,

| | porque allá todo es holgar.
Como Jacob serviré
al Labán de aqueste mundo
por Lía que es mi interés. |
|---|---|
| Placer | ¿Que le serviréis siete años? |
| Colmenero | ¿Qué son siete? Treinta y tres. |
| Placer | ¿En qué oficio? |
| Colmenero | Pastor soy.
Viñas y árboles planté,
huertos cultivo cerrados. |
| Placer | Muchos oficios tenéis. |
| Colmenero | Posee mi padre en el valle
recién plantado un vergel
que se llama Valdeiglesias,
porque de la iglesia es.
Quiero hacer un colmenar
donde puedan labrar miel
las almas, que son abejas,
con las flores que nos dé.
A ser colmenero bajo. |
| Placer | Oficio dulce escogéis;
hacéos miel de puro bueno,
que a fe, que os han de comer.
Mas, Colmenero polido,
miradlo primero bien,
que anda aquí un diabro de un oso. |

Colmenero   ¿Es fiero?

Placer   Es un Locifer;
                  y siendo oso colmenero,
                  echarávos a perder
                  cuantas colmenas topare.

Colmenero   No importa; yo le pondré
                  una trampa de dos palos
                  en cruz, que en llegado el pie,
                  tropiece y caiga en la hoya,
                  donde ya cayó otra vez.

Placer   ¡Ah, del valle! Labradores,
                  salí a dar el parabién,
                  y bien venido al zagal
                  que nos anunció Gabriel.
                  Pero ya vienen cantando;
                  el Pracer soy, bailaré,
                  que ha enfenito que no saben
                  los hombre lo que es pracer.

(Sale la Abeja, vestida de felpa de diversos colores y coronada de rosas, con alas. Músicos y pastores cantando.)

Unos   «Nora buena venga, venga
                  el colmenero a la tierra.»

Otros   Venga en horas buenas mil
                  como mayo y como abril.

Uno   El zagal polido.

Todos   ¡Qué galán venís!

Uno	De cuerpo garrido.
Todos	¡Qué galán venís!
Uno	El capote y sayo.
Todos	¡Qué galán venís!
Uno	Branco y encarnado.
Todos	¡Qué galán venís!
Uno	Pues con él cobrís el brocado y seda.
Todos	«Norabuena venga, venga, el colmenero a la tierra. Venga en horas buenas mil, como mayo y como abril.»
Abeja	Encubierto zagal, que de los cielos bajéis a nuestro valle de dolores a padecer trabajos y desvelos, cosecha más común de labradores, ¿esperanzas sembráis? Cogeréis celos, renta que siempre pagan los amores. Seáis, mi labrador, muy bien venido, que ya sé que mi amor os ha traído. Éste, que siempre ha sido invencionero, os ocupa en humildes ejercicios, y transforma en Divino Colmenero, porque de dulce y recto dais indicios. Ya sé que, como amante verdadero,

después que por canceles y resquicios
me habéis desde los cielos acechado,
bajáis, al fin, a verme disfrazado.
El colmenar de vuestra Iglesia tierno
comenzad a labrar, divino amante;
plantad flores en él, sin que el invierno
de la envidia a secarlas sea bastante;
que, porque dure su edificio eterno,
los santos de la Iglesia militante
las abejas serán, que en sus colmenas
os labran miel mejor que la de Atenas.

Colmenero
  Esposa mía, los desiertos deja
de Cedar, que aunque hermosa estás morena.
Baja a mi huerto, si mi amor te aqueja
que soy la flor del campo y la azucena,
tu Colmenero soy, serás mi Abeja,
porque me labres, alma, la colmena
cuyo panal de amor, dulce y sabroso,
a la mesa se sirva de tu esposo.

Abeja
  Si vos el Colmenero sois, amores,
el ser yo vuestra Abeja, es dicha mía;
disponedle, empezad, cérqueme flores,
que aunque enferma de amor, alientos cría.
Volando seguiré vuestros olores,
de donde os labre miel, si al mediodía
me advertís dónde estáis para que, cuerda,
por panales del mundo no me pierda.

Colmenero
  No harás, si a la república imitares,
que fundan las abejas de la tierra.

Abeja
  Si tú, labrador diestro, me industriares,

	sabré lo que en sus fábricas se encierra,
	y el orden guardaré que me dejares;
	que quien tus leyes sigue jamás yerra.
Colmenero	Escucha, pues conmigo te aconsejas,
	los efectos sabrás de las abejas.
	Primeramente, cada enjambre elige
	de tres reyes que nacen uno solo,
	y a los demás, matándolos, erige
	de flor y yerba un Cario Mauseolo;
	porque así como un Dios el mundo rige,
	un alma a un cuerpo, y una luz a Apolo,
	así que hay no más de un rey conviene,
	que solo el monstruo dos cabezas tiene.
	Abeja mía, de la suerte misma
	el enjambre de la Iglesia, y su belleza
	señalada entre todos con mi crisma,
	solo tendrá un pastor y una cabeza;
	que puesto que la inquiete tanto cisma,
	la monarquía de mayor firmeza
	gobierno la dará de eterno espacio,
	que del Democracio no, ni Aristocracio.
	Vive sin aguijón su rey, que aspira
	a regir con piedad su real presencia,
	que muchos cetros derribó la ira,
	mas ninguno el amor y la clemencia;
	armas traen las demás, y al que conspira
	contra su rey y plebe, la experiencia
	prueba de su rigor dando la vida,
	que por su ley y rey es bien perdida.
	Labran su mil, con abundancia tanta,
	en el tronco de un árbol, por el modo
	que las abejas de mi Iglesia santa
	cuyos ejemplos hasta aquí acomodo,

pues por virtud de la preciosa planta
de mi cruz, que es quien da valor a todo,
salutífera miel de obras fabrica
el alma, con mi sangre y amor rica.
   El propio instinto y experiencia larga
-que nunca s jubila el experiencia-
a su defensa la colmena encarga,
contra el común peligro y la violencia.
Mojan n zumo de una yerba amarga
el vaso y su exterior circunferencia,
dando con esto a su enemigo espanto
que, aunque amargo, defiende al alma el llanto.
   Edifican sus casas, lo que importa,
para vivir vacando de su oficio,
en cera frágil, cuyo ejemplo exhorta
a la soberbia humana sin jüicio;
que en decrépita edad y vida corta,
no fabrique Babeles de edificio
casi inmortal; porque si mucho dura
dure la fama más de su locura.
   Vuelan por los jardines, donde hacen
tercios de flores, cuyas frescas galas,
sus casas y dispensas satisfacen,
prefiriendo las buenas a las malas;
no andan por el suelo; porque nacen
las abejas sin pies, pero con alas;
símbolo que quien labra para el cielo,
gustos de tierra ha de pasar de vuelo.
   Y mientras de jazmines y violetas
labran panales tiernos y sabrosos,
o ya en sus celdas se recogen quietas,
la miel les comen zánganos ociosos;
enjambres hay de hipócritas profetas,
con piel de ovejas, colmeneros osos,

perezosos al bien, al vicio listos,
zánganos de mi Iglesia y pseudo Cristos.
   De aquesta suerte entre virtudes tantas,
esposa mía, labran mis abejas;
alas tienes, con ellas te levantas
hasta los cielos, cuando el mundo dejas.
Contemplaciones y oraciones santas
las plumas son, con que de ti te alejas,
y a los jardines de mi patria acudes.
Labra panales, pues te doy virtudes.

Abeja
   Símbolos son misteriosos y extraños
los que me habéis propuesto, tierno amante,
ya no me espanto, que en cincuenta años
no se canse Aristómaco constante
en la contemplación y desengaños
con que un animalejo semejante
enseña a las repúblicas y reyes,
unas a obedecer, otros dar leyes.
   Abeja quiero ser, desde hoy pretendo
comenzar a labrar, esposo mío;
pero del Oso vil estoy temiendo,
que es infernal su furia y desvarío.

Colmenero
A mi temor divino te encomiendo,
y de su guarda tu remedio fío;
en el temor de Dios los tuyos deja,
porque, apartada de él, muere la abeja.
   También mi amor sabe labrar panales,
dulce y sabrosa es, alma, mi palabra;
salutífera miel contra tus males
en panales de pan mi fe te labra.
Si con el fin de tu colmena sales,
obligarásme a que las puertas abra

	de mi poder.
Abeja	Cantadle el bien venido, al Colmenero de mi amor pulido.
(Cantan.)	«Pastorcico nuevo, de color de azor, bueno sois, vida mía, para labrador. Pastor de la oveja, que buscáis perdida, y ya reducida viles pastos deja; aunque vuestra abeja pace vuestras flores, si sembráis amores y cogéis dolor, bueno sois, vida mía para labrador.»

(Vanse cantando y lleva el Colmenero de la mano a la Abeja y salen el Oso y el Mundo.)

Oso	¿Qué nueva música y canto es, Mundo, el de aqueste día? ¿En el valle hay alegría, donde se avecina el llanto?
Mundo	Del modo que tú, me espanto.
Oso	Mi envidia su mal sospecha Mas, ¿si el Alma satisfecha recibiese al labrador, que sembrando con dolor,

	viene a lograr su cosecha?
Mundo	Presumo que de la sierra bajó un mayoral al valle cantando a su hermoso talle gloria el cielo y paz la tierra.
Oso	Ése nos viene a hacer guerra y el reino, Mundo, nos quita.
Mundo	Oye la música y grita con que aumenta mi temor.
(Cantan de dentro.)	«Pastorcico nuevo de color de azor, bueno sois, vida mía, para labrador.»

(Sale el Placer.)

Placer	En regocijos y fiestas
	se entretiene el valle entero,
	soldemente al Colmenero
	le echan el trabajo a cuestas.
	   Los tristes vengo a llamar;
	que pues al Pracer asiste
	aquí, nadie ha de haber triste,
	váyase al rollo el pesar.
	   Mas aquí hay gente.

Oso	¿Quién eres tú, que tan regocijado, señales de loco has dado?

Placer	Y tú, que saberlo quieres, ¿Quién serás? Que la fiereza de tu brutal parecer, si yo no huera el Pracer, me provocara a tristeza.
Oso	El oso a quien los Proverbios llaman hambriento y rabioso.
Placer	¡Oxte, puto! ¡Guarda el oso!

Oso	Soy el rey de los soberbios.
	   La bestia que Daniel
	vio, porque el temor aumentes,
	con tres órdenes de dientes
	en figura de oso cruel.
	   El que pudo hacerle a Dios
	guerra y competirle el cielo.

Placer	¡Ya, ya! En el bellaco pelo se os echa de ver quién sos. ¿Qué oficio tenéis?
Oso	El de oso, que es destruir las colmenas y panales de obras buenas.
Placer	¿Pues no sois de ellas goloso?
Oso	No las como; pero quiero quemarlas como a enemigas.
Placer	Ya sé que coméis hormigas, porque sois oso hormiguero.

	Mas no seáis atrevido,
	ni al colmenar de la Igreja
	toquéis, do el alma es abeja,
	que un Colmenero ha venido
	del Cielo; mira si escampa.
Oso	Pues eso, ¿qué me ha de hacer?
Placer	Allá lo echaréis de ver
	cuando caigáis en la trampa.
	¿Quién es el que está con vos?
Oso	El Mundo.
Placer	¡Oh, casa de locos!
	Manda potros, y da pocos.
	Para en uno sois los dos.
	Voyme a ver la miel divina
	que me heis detenido mucho.
	Quédate, negro avechucho,
	cascos lucios, trementina.
(Vase.)	
Mundo	¡Que así nos trate un grosero!
Oso	Déjale, Mundo, a atiende
	que nos agravia y ofende
	este nuevo Colmenero.
	Que yo, que en el Monte Santo
	la tercer parte de estrellas
	derribé, dando con ellas
	en el reino del espanto,
	y al vice-Dios engañé

	con el bocado costoso, pues soy tigre, león y oso, el colmenar destruiré que labra el Alma.
Mundo	Pues él es Colmenero, yo quiero ser fingido colmenero. Mis deleites serán de miel. De mí mismo haré colmena, siete pecados mortales tengo, que serán panales.
Oso	La miel de la carne es buena.
Mundo	Con ella engañar podremos el alma Abeja los dos.
Oso	Guárdala el temor de Dios.
Mundo	Al Cuerpo convidaremos, que es un zángano glotón, y puede tanto con ella, que será fácil traella a comer su perdición.
Oso	Oso soy, y así me fundo en quemarla el colmenar.
Mundo	Al alma pienso cazar, que es liga la miel del Mundo.

(Vanse y salen el Cuerpo, de villano muy tosco, y la Abeja.)

Abeja	¡Alto, Cuerpo! ¡A trabajar! Que habemos de hacer los dos una miel para alabar y dar mil gracias a Dios.
Cuerpo	Siempre me hacéis reventar. Dejadmos dormir.
Abeja	Quien deja la labor, luego se queja, no dándole de comer.
Cuerpo	¿Por qué tengo yo de ser el zángano y vos la abeja? ¿Por qué, con comida escasa he de trabajar yo tanto, que después que el día se pasa, solo me dais pan de llanto, y sois la mandona en casa? Vos la curiosa y polida, en el estrado asentada, la regalada y servida, del Colmenero estimada, en su amor embebecida, y yo cubierto de andrajos, siempre con oficios bajos, cargado de tierra y lodo, cayendo sobre mí todo el peso de los trabajos? Dejaos de tantos respetos y no andéis tan engreída, formando siempre conceptos, porque esta vida no es vida para llegar, Alma, a nietos.

	Trabajad, pues yo trabajo, que no sois más noble.
Abeja	¿No?
Cuerpo	No pues, aunque Dios os trajo.
Abeja	¿Soy hija del lodo yo como tú, grosero bajo?
Cuerpo	¡Oh! Luego saca una hestoria de Calainos. ¿Memoria mos queréis agora her de que sois una mujer de carta de ejecutoria? Pues sabe, doña Entonada, si queréis ser la señora, que no sois más que criada; y que el que os estima agora, vos hizo...
Abeja	¿De qué?
Cuerpo	De nada.
Abeja	Y del polvo de la tierra a ti.
Cuerpo	¡Verá qué engreída está de que en mí se encierra! ¡Por Dios, que nos dais la vida!
Abeja	¿Pues no te la doy? Destierra, Cuerpo, esos humos villanos,

	pues ser y valor te doy, sentidos y actos humanos.
Cuerpo	¿Qué valéis sin mí, que soy, Alma, vuestros pies y manos?
Abeja	Y prisión donde me encierra el mismo que ser me ha dado. ¿Siempre hemos de estar de guerra? Acaba, que eres pesado.
Cuerpo	¿Qué mucho, si so de tierra?
Abeja	Cuerpo, Dios en su vergel y sagrado colmenar nos puso para que en él vengamos a trabajar y labremos dulce miel.
Cuerpo	Pues el trabajo reparta, si a trabajar mos envía; que nunca os veis, Alma, harta de contemplar con María, reventando yo con Marta.
Abeja	Yo satisfaré tu queja; el colmenar, que es de Dios, en nuestra custodia deja y en él nos llama de los dos...
Cuerpo	Zángano a mí.
Abeja	Y a mi Abeja. Entre tanto que yo vuelo,

                        elevándome hasta el cielo,
                        y en sus prados celestiales
                        flores espirituales
                        cojo, con el mismo celo
                            tú, mi compañero fiel,
                        has de acarrear despojos
                        al colmenar, porque en él
                        con el agua de tus ojos
                        se labre sabrosa miel.
                            La cera, con la piedad
                        de tu corazón, que tierno,
                        cera será de humildad,
                        que derrita el fuego eterno
                        de la inmensa caridad.
                            Y pues el ser de mí cobras,
                        mientras que conmigo labras,
                        por más que en las quejas sobras,
                        con flor de buenas palabras
                        harás miel de buenas obras.
                            Mis si fueres descuidado,
                        el castigo te ha de hacer
                        diligente y avisado.

Cuerpo   Y cuando a Dios vais a ver,
                        ¿os dará el mejor bocado
                            a vos, pasando los males
                        yo que veis, por los panales
                        que labramos en el suelo?

Abeja   Gloria tienen en el cielo
                        los sentidos corporales
                            también. ¡Alto, a trabajar!

Cuerpo   Si el Oso viene, ida vos,

	¿quién le tiene de esperar?
Abeja	El temor santo de Dios
	es guarda del colmenar.
	No temas lo que te encarga.
	Mi conseja haz al momento.

(Vase.)

Cuerpo   ¿Vuesa bestia soy de carga?
                  Pues si me llamáis jumento,
                  quiero echarme con la carga.
                  ¿Todo ha de ser trabajar?

(Siéntase.)   ¿Piensa que soy de guijarro?
                  Pudiera considerar
                  que soy un vaso de barro
                  y que me puedo quebrar.
                      ¿El zángano no me han hecho?
                  Pues si los zánganos son
                  perezosos, aquí me echo.
                  trabaje ella, que es razón;
                  pues que se lleva el provecho.
(Échase y duerme.)   Y no viva con ventaja,
                  pues que desfruta el enjambre,
                  sino sepa, pues me ultraja,
                  que matándome de hambre,
                  quien no come, no trabaja.

(Salen el Mundo, de colmenero, el Oso, y cantan.)

Música   «¡A la miel de los deleites,
                  que el Mundo dan su vergel!
                  ¡A la miel, a la miel!»

Oso	El Cuerpo dormido está, la razón y el alma ausente; su sueño ocasión nos da a que el colmenar presente se abrase. Acábese ya. 　　Cantad, mientras las colmenas destruyo del Alma, llenas de sus propósitos santos. Piérdanla vuestros encantos, sed de este golfo sirenas.
Mundo	Si al Cuerpo hechizas así, al Alma traerás tras ti.
Oso	Engaño, vuelve a cantar.
Mundo	Hoy al alma he de gozar pues que durmiendo al Cuerpo vi.
Música	«¡A la miel de los deleites, que el Mundo da en su vergel! ¡A la miel, a la miel!»
(Despierta.)	
Cuerpo	¿Quién pregona miel aquí?
Mundo	El Mundo.
Cuerpo	Su mosca soy. Hambre tengo; a comer voy. ¿Sois vos quien la vende?

Mundo   Sí.

Cuerpo   ¿A cómo la dais?

Mundo   A precio
del alma.

Cuerpo   Caro vendéis.
El Cuerpo soy. ¿No queréis
mis sentidos?

Mundo   Quita necio.
Es la miel por excelencia.

Cuerpo   Por eso la había de dar.
Si el Alma me ha de costar,
será cargo de conciencia.
¿Tién buen sabor?

Mundo   Exquisito.

Cuerpo   El deseo me estimula,
cosquillas me hace la gula,
brindis dice el apetito.
     Sacadme una cucharada.

(De un vaso de miel le saca una cucharada, y come.)

Mundo   ¿Qué te dice?

Cuerpo   Me quillotra
el paladar. Dadme otra.

Mundo   Mas no nada.

Cuerpo	Todo es nada.
Paladeado me dejas;
el Alma te pienso dar
porque me venga a costar
lo que a Esaú las lentejas.
Otra miel el Alma come,
que dice que es como almíbar,
siendo para mí de acíbar.
Mijor es que de éste tome
y el hambre dejaré en calma;
que no es lo que como yo,
ni al Cuerpo hizo buena pro
el manjar que engorda al Alma.
Mas héisla, que viene aquí,
y sin el temor de Dios.
Oso	Cantad, pues. Cantad los dos.
Mundo	¿Gusta de música?
Cuerpo	Sí.
Música	«El mundo, huerto pensil,
as labrar colmenas llama,
y por el viento sutil
abejitas de mil en mil,
saltando y volando de rama en rama,
pican las flores de la retama
y las hojas del toronjil.»
(Sale la Abeja.)	
Abeja	El temor de Dios perdí.

	Guióme mi desconcierto por un áspero desierto. ¿Dónde iré, triste de mí? De los límites salí, que mi Colmenero santo me puso; todo es espanto, todo miedo torpe y vil.
Cuerpo	Alma, tu cuerpo gentil para darte miel te llama.
Música	«Y por el viento sutil abejitas de mil en mil, saltando y volando de rama en rama pican las flores de la retama y las hojas del torongil.»
Abeja	Cuerpo, ¿es éste el colmenar donde te dejé?
Cuerpo	¿Pues no?
Abeja	El temor se me perdió de Dios, hallóme el pesar.
Cuerpo	Aquí te puedes holgar.
Abeja	¿Y mi amante Colmenero?
Mundo	Soy yo, mi Abeja, que quiero darte miel de vanagloria.
Abeja	Perdí también la memoria de mi labrador primero.

                        No sé si eres tú.

Cuerpo   ¿No basta
                        que yo te diga que sí?

Abeja   Siempre me llevas tras ti.

Cuerpo   ¿Pues no somos de una casta?

Abeja   La tristeza me contrasta,
                        aflígeme un miedo vil.

Cuerpo   Ten ánimo varonil.
                        Goza el Mundo que te llama.

Música   «Y por el viento sutil
                        abejitas de mil en mil,
                        saltando y volando de rama en rama
                        pican las flores de la retama
                        y las hojas del torongil.»

(Vanse cantando y sale el Placer.)

Placer   El Oso ha bajado al valle.
                        Labradores, ganaderos,
                        guardáos del Oso infernal
                        que cerca vuesos aperos.
                        Las colmenas que labraba
                        el Alma, engañando al Cuerpo,
                        todas las ha derribado.
                        Propósitos y deseos
                        que brotaron tan floridos,
                        flores han sido de almendro
                        que sin llegar a las obras

                        las ha marchitado el cierzo.
                        Robado está el colmenar,
                        las colmenas por el suelo,
                        los jardines arrancados,
                        que el Oso los puso fuego.

(Dentro.)

Voz   ¡Guarda el Oso! ¡Guarda el Oso!

Placer   ¡Ah, divino Colmenero,
                        salid a caza, matadle,
                        pues la Abeja vos ha muerto!

(Sale la Abeja, vestida de luto y sin alas.)

Abeja   Hechizos me ha dado el Mundo.
                        ¡Aquí de Dios, que me enciendo!
                        ¿Ésta es miel? Ésta es ponzoña.
                        ¡Agua, que me abraso, cielos!
                        Miel es esta de retama,
                        de adelfas, panal que han hecho
                        en vez de abejas, avispas.
                        ¡Agua, que me abraso, cielos!
                        Perdí el camino. Engañóme
                        el apetito del Cuerpo.
                        Llegué al colmenar del Mundo.
                        Colmenas vi del infierno,
                        cayéronseme las alas
                        porque no volase al cielo.
                        Hambrienta estoy porque el Mundo
                        no satisface deseos.
                        ¡Que me abraso, divino Colmenero!
                        ¡Dadme agua de gracia que perezco!

Placer	¿Qué tenéis, buena mujer?
Abeja	Rabia, pena, rejalgar.
Placer	Llena os vi yo de pracer.
Abeja	Después que admití el pesar, no le puedo conocer. Yo soy la misma ignorancia, siendo el alma.

Placer	¿El alma? Negra estáis. Ésa es la ganancia del Mundo, con quien se alegra la ambición y la arrogancia.
	    ¡Qué fraca estáis y roín! El zángano os ha vendido y está como un paladín, gordo, que no le ha venido como a vos su San Martín.
	    ¿No érades la Abeja hermosa del colmenar de la gracia?

Abeja	Ya soy avispa enfadosa, araña, toda desgracia, víbora soy ponzoñosa. Una mortal golosina, desterrándome de Dios, mis potencias desatina.
Placer	No lo comiérades vos; mijor huera una gallina. Dios de balde os dio en la venta

	cuanto su poder crió,
	pero hendo con vos la cuenta,
	más la manzana os costó
	que al corito la pimienta.
	El zángano, con moscones
	triunfa.
Abeja	En su cárcel me encierra;
	oprímeme en sus prisiones.
Placer	Mal andáis. ¿Qué coméis?
Abeja	Tierra.
Placer	Pues tendréis opilaciones.
	Vos estáis bien mal casada.
Abeja	A un villano me dio Dios,
	que cuanto estimo le enfada.
Placer	Luego diremos por vos,
	«la bella malmaridada».
	Mas quien con villano se casa,
	si es noble, busca contienda,
	que es lo que en el mundo pasa.
	¿Trajo el Cuerpo mucha hacienda?
Abeja	Solo el casco de la casa.
Placer	¿Y vos?
Abeja	En dote le di
	todo su ser y riqueza.

Placer   ¿Que tan rica érades?

Abeja   Sí.
                    No alzara el Cuerpo cabeza
                    jamás, a no ser por mí;
                      porque él es un hospital
                    en donde me humilla Dios.

Placer   Figura tiene él de tal,
                    porque en dejándole vos,
                    luego huele el Cuerpo mal.
                      Pero pues enferma estáis,
                    abeja descaminada,
                    aquí os darán miel rosada,
                    con que en vueso ser volváis
                    si con dolor os purgáis.
                      El divino Colmenero
                    que tanto os amó primero,
                    miel saludable fabrica
                    que su colmena es botica.

Abeja   ¡Ay Dios, que por él me muero!

Placer   En el jardín del amor
                    ha labrado un colmenar
                    cuya miel basta a sanar
                    la lepra del pecador.
                    Su divino labrador
                      curará vuesos dolores.

Abeja   ¡Ay, que olvidé sus amores;
                    de mí tendrá justa queja!

(Llora.)

Placer

Llorad, llorad más, mi Abeja,
que estos llantos son sus flores.

Abeja

    Jardinero, tú que labras
con industria celestial
tu cuerpo mismo en panal
con solas cuatro palabras,
la puerta te pido que abras
    del colmenar peregrino
donde es el amor divino
la abeja que almíbar saca,
para mis culpas triaca.

Placer

Él canta, a tu llanto vino.

(Canta de dentro.)

Colmenero

«Que besóme en el colmenaruelo,
y yo confieso,
que mi paz le dio su beso.»

Abeja

¡Ay, voz dulce y amorosa!
Ese beso en los Cantares,
para aliviar mis pesares,
le está pidiendo la esposa.
La encarnación misteriosa
    fue el beso que tu grandeza
dio a nuestra naturaleza.
vistiendo mi mortal velo.

(Dentro.)

Colmenero

«Que besóme en el colmenaruelo,

| | y yo confieso,
que mi paz le dio su beso.» |
|---|---|
| Abeja | Abre el colmenar divino,
que ya por verle me muero.
Amoroso Colmenero,
remedia mi desatino. |

(Sale el Colmenero.)

| Colmenero | ¿Qué es esto, Abeja perdida?
¿Cómo vienes de esta suerte? |
|---|---|

(De rodillas.)

| Abeja | Escapéme de la muerte
viéndoos a vos que sois vida. |
|---|---|
| Colmenero | Despreciaste mi temor,
y el Oso infernal y ciego
puso a tus colmenas fuego,
mas téngote tanto amor
  que, pues vuelves, no hago cuenta
de que me hayas ofendido.
Daréte, pues has venido,
pan y miel; que estás hambrienta.
  Ese llanto me provoca. |
| Abeja | ¡Oh, qué dulces en mis labios
son esos requiebros sabios!
¡Más que miel son en mi boca! |

(Salen el Mundo, el Oso, el Cuerpo, y músicos diversos que se pondrán unos al lado del Colmenero, y otros al lado del Mundo, y la Abeja se queda en medio sin saber a quién seguir.)

Mundo   Cantad deleites profanos,
que el alma se nos retira.

Oso   Cante el engaño y mentira
que se nos va de las manos.

Colmenero   Cantad, deleites divinos,
porque el cielo gozo siente
cuando un alma se arrepiente
y llora sus desatinos.

Músicos I   «Para el colmenar eterno
que miel y manteca da,
por aquí van allá.

Músicos II   Para el colmenar del Mundo,
que se enamora de ti,
ven por aquí.

Músicos I   Ésta sí que es miel del justo;
ésta sí que es miel.

Músicos II   Aquí está la miel del Mundo;
ésta sí que es miel.

Músicos I   Aquí Dios su cuerpo puso;
ésta sí que es miel.

Músicos II   Aquí el vicio ofrece gustos;
ésta sí que es miel.

Músicos I   Para el divino vergel
                   donde Dios oculto está
                   por aquí van allá.

Músicos II   Para el colmenar del Mundo,
                   donde mil gustos comí,
                   van por aquí.»

Cuerpo   Alma, el Mundo es colmenero.
                   Con sus gustos me va bien,
                   para ti son todos, ven.

(Descúbrese un jardín al lado izquierdo con tres colmenas cerradas.)

Mundo   Regalarte, Abeja, quiero.
                      En aquestas tres colmenas
                   hallarás dulces panales,
                   que satisfagan tus males,
                   y den alivio a tus penas.
                      Ésta es de la carne. Aquí
                   la miel del deleite ves,
                   del amor y el interés,
                   que hay honra y provecho en mí.
                      De almíbar sus vasos llenos
                   tiene el panal, come de él.

Placer   Si es de la carne esa miel
                   no es miel virgen a lo menos.

Oso   Del Príncipe de Aquilón
                   es la colmena siguiente.

Placer   Príncipe será de ungüente

	quien se llame Diaquilón.
	¿Vos príncipe? ¡Doos al diablo!
Oso	La miel de la idolatría
	para ti mi panal cría,
	y en ella tu gusto entablo.
Placer	No es miel, sino trementina
	la que el diablo puede dar;
	que en su amargo colmenar
	no hay más que pez y resina.
Mundo	Esta colmena es del Mundo
	dedicada para ti;
	llégate y triunfa que aquí
	tus felicidades fundo.
	Aquí está el panal sabroso
	de los reinos, los estados,
	honras, coronas, ducados,
	con el laurel victorioso.
	Aquí el juego, aquí el favor,
	la privanza, la hermosura,
	la mocedad, la ventura,
	la gentileza y valor;
	el panal dulce en que fundo
	las medras del lisonjero
	y aquí el panal del dinero,
	que es el que gobierna el mundo.
Placer	Toda esa miel empalaga.
Colmenero	No lo es más que en la apariencia.
	Llega y verás la experiencia
	para que te satisfaga,

              su fingida ostentación,
              llena de engaños y penas.
              Haz abrir esas colmenas
              santa consideración.

(Ábrese la primera y descubre una muerte.)

Mundo   Llego a abrirlas. Ésta es
                  de la carne.

Placer   ¿Carne es eso?
                  Ahí no hay carne, todo es hueso.

Abeja   ¡Ay de mí!

Cuerpo   ¿Qué es lo que ves?

Abeja   Veo un cadáver inmundo
                  que me causa asco y horror.

Colmenero   La miel del lascivo amor
                  es ésta que ofrece el Mundo.
                      Aquí los deleites vanos
                  paran de la carne infiel.

Cuerpo   Bueno es convidar a miel
                  y dar huesos y gusanos.

Placer   No voy yo a vueso pesebre.

(Ábrese la segunda y sale mucho heno y paja.)

Cuerpo   ¿Los panales eran esos?
                  ¿pregonáis carne y dais huesos?

	El gato vendéis por liebre. ¡Huego en vos!
Mundo	Este segundo es donde mis honras tengo; aquí la ambición mantengo de los príncipes del mundo.
Cuerpo	Decí, habrador de ventaja, ¿son vuesos panales ricos ésos? ¿O pensáis borricos que mos convidáis con paja?
Placer	Mal vos haga Dios. ¡Qué lleno, Mundo, andáis de vanagloria!
Colmenero	Paja es del Mundo la gloria. Alma, toda carne es heno. ¿Por prendas que son tan bajas mis dichas quieres perder?
Cuerpo	Albarda debéis de ser que tién las tripas de pajas.

(Ábrese la tercera y salen muchos cohetes y fuego.)

Colmenero	Abre esotro corcho luego, verás qué se encierra en él.
Abeja	¡Ay, cielo!
Cuerpo	¡Huego en tal miel!
Placer	¿Fuego dices? ¿Qué más fuego?

Cuerpo	¡Miren qué gentil convite
nos hizo el Oso bestial!
¿De miel es ese panal?
Llámole yo de alcribite.
Placer	Colmena que es del infierno,
¿qué puede dar sino chispas
siendo diablos las avispas
y la miel su fuego eterno?
Cuerpo	No más miel que amarga tanto.
Ya mis pasos reducidos
vos traen presos los sentidos.
¡Perdón, Colmenero santo!
Colmenero	Huid de mi acatamiento
bienes que en males resumo;
huid, pues todos sois humo,
heno todos, todos viento.
Todos	¡Huyamos!
Cuerpo	¡Verá se escampa!

(Húndese el Mundo, el Oso y sus músicos, y salen muchas llamas.)

          Cayó el Mundo lisonjero,
          y el Oso torpe hormiguero,
          como lobos en la trampa.

(En otro jardín frontero muy curioso esté una colmena dorada grande, y abierta, y dentro un cáliz, y sobre él una hostia.)

Colmenero	Otra colmena mejor he labrado para ti. Ven, Alma, acércate aquí. Prueba de mi amor la miel.
Músicos II	«Vengan a comer los hijos de Adán este pan de azúcar que es panal y es pan.»
Cuerpo	Todo me duermo, Pracer.
(Vase.)	
Placer	Haces bien, que los sentidos y el Cuerpo han de estar dormidos cuando el Alma ha de comer.

Colmenero	Éste es el maná mejor
	que el que en los campos desiertos
	comieron los padres muertos,
	que es inmortal su sabor.
	   Come, porque te aproveche,
	será la paz de tu guerra.
	Siéntate, que ésta es la tierra
	que produce miel y leche.
	   Soy león de Judá real.
	Come, imitando a Sansón,
	que en la boca del león
	halló el místico panal.

Abeja	Soberano Colmenero, tu Abeja llega rendida a esa miel que es pan de vida,

       a ese pan, tierno Cordero.
   Que, aunque el llegarme sea mengua
por ser yo tan pecadora,
tu dulzura me enamora
porque es leche y miel tu lengua.
   Enigmas de la Escritura
por ti, mi Dios, he sabido,
pues que miel has producido,
del fuerte salió dulzura.
   Solo en esta miel espero,
por ser deleitoso abismo,
miel que es pan, pan que es Dios mismo,
miel sabrosa de romero,
      miel que por ser medicina,
y de romero, es de Dios,
y porque acerca de vos
soy romera y peregrina.
   Es de romero divino,
pues sois, dulce Colmenero,
un peregrino y romero
que haciendo vuestro camino
      peregrinasteis un día
a una ermita y devoción
en que hicisteis estación
llamada Santa María.
   Cual peregrino venisteis,
pues cubriendo la grandeza
de vuestra naturaleza,
nuestra esclavina vestisteis.
   Y peregrináis tan bien,
que del uno al otro polo
sois vos peregrino solo,
mi Dios, en Jerusalén.
   Pues siendo humano y divino

                    la vida disteis por mí,
mostrando, mi Dios, así,
ser vuestro amor peregrino.
    Y así, dulce Colmenero,
con humildad llegaré
y este panal comeré
por ser de miel de romero.

Colmenero   Llega, Abeja, en hora buena,
que para fin de tu mal,
miel virgen es el panal
y virgen en la colmena.
    Cifra es de mis gracias todas.
Llega a sus delicias sumas.
Renueva otra vez las plumas.

(Desnúdase el luto y pónela las alas y queda como el principio.)

                    Vístete, Abeja, de bodas.
    La penitencia te dé
nueva vida, nuevas alas.
Mi amor te vuelva las galas.
Aliméntete mi fe.
    Deja ese ropaje negro,
librea vil del pecado.

Abeja   ¡Ay, Colmenero sagrado,
lo que en serviros me alegro!
    Vuestra gracia y mesa franca
ha de eternizar mi vida.

Colmenero   Denla a mi Abeja querida
de mi gracia pluma blanca;
    que mi cuerpo darla quiero

Placer

en la miel del pan suave.

Y la metáfora acabe
aquí de Dios Colmenero.

(Éntranse con música.)

Fin

Libros a la carta
A la carta es un servicio especializado para
empresas,
librerías,
bibliotecas,
editoriales
y centros de enseñanza;
y permite confeccionar libros que, por su formato y concepción, sirven a los propósitos más específicos de estas instituciones.

Las empresas nos encargan ediciones personalizadas para marketing editorial o para regalos institucionales. Y los interesados solicitan, a título personal, ediciones antiguas, o no disponibles en el mercado; y las acompañan con notas y comentarios críticos.

Las ediciones tienen como apoyo un libro de estilo con todo tipo de referencias sobre los criterios de tratamiento tipográfico aplicados a nuestros libros que puede ser consultado en Linkgua-ediciones.com.

Linkgua edita por encargo diferentes versiones de una misma obra con distintos tratamientos ortotipográficos (actualizaciones de carácter divulgativo de un clásico, o versiones estrictamente fieles a la edición original de referencia).

Este servicio de ediciones a la carta le permitirá, si usted se dedica a la enseñanza, tener una forma de hacer pública su interpretación de un texto y, sobre una versión digitalizada «base», usted podrá introducir interpretaciones del texto fuente. Es un tópico que los profesores denuncien en clase los desmanes de una edición, o vayan comentando errores de interpretación de un texto y esta es una solución útil a esa necesidad del mundo académico.

Asimismo publicamos de manera sistemática, en un mismo catálogo, tesis doctorales y actas de congresos académicos, que son distribuidas a través de nuestra Web.

El servicio de «libros a la carta» funciona de dos formas.
1. Tenemos un fondo de libros digitalizados que usted puede personalizar en tiradas de al menos cinco ejemplares. Estas personalizaciones pueden ser de todo tipo: añadir notas de clase para uso de un grupo de estudiantes,

introducir logos corporativos para uso con fines de marketing empresarial, etc. etc.

2. Buscamos libros descatalogados de otras editoriales y los reeditamos en tiradas cortas a petición de un cliente.

www.ingramcontent.com/pod-product-compliance
Lightning Source LLC
Chambersburg PA
CBHW031500040426
42444CB00007B/1162